SAMUEL TAYLOR COLERIDGE

TRADUCTION PAR
AUGUSTE BARBIER

LA CHANSON DU VIEUX MARIN

1798

PARU EN FRANÇAIS EN 1877

ILLUSTRÉ PAR GUSTAVE DORÉ

odéonlivre
2018
CHICAGO

LA CHANSON DU VIEUX MARIN

C'est un ancien marin ;
Trois jeunes gens passent, il en arrête un.
« Par ta longue barbe grise et ton œil brillant,
Pourquoi m'arrêtes-tu ?

La porte du marié est toute grande ouverte,
Je suis son propre parent,
Les hôtes sont arrivés, la noce est prête,
N'entends-tu pas son joyeux bruit ? »

Le vieux marin serre le bras du jeune homme de sa main décharnée :
« Il y avait un vaisseau... dit-il.
– Lâche-moi, ôte ta main, drôle à barbe grise ! »
Et aussitôt la main tombe.

Le marin retient le jeune homme avec son œil brillant.
Le garçon de noce demeure tranquille
Et écoute comme un enfant de trois ans :
Le marin a sa volonté.

Le garçon de noce s'assit sur une pierre :
Il ne peut s'empêcher d'écouter ;
Et ainsi parla le vieil homme,
Le marin à l'œil brillant :

Le navire salué de cris avait franchi le port :
Gaiement nous laissâmes
Derrière nous l'église, la colline
Et la tour du fanal.

Le soleil parut à notre gauche,
S'éleva de la mer,
Brilla, et vint à notre droite
Se coucher dans la mer.

De plus en plus haut, chaque jour, il monta dans le ciel,
Jusqu'à ce qu'il planât sur les mâts à l'heure de midi.
Ici le garçon de noce se frappe la poitrine,
Car il entend les profonds accords du basson.

La mariée est entrée dans la salle du banquet,
Vermeille comme une rose,
Et, tout en remuant la tête au son des instruments,
La bande joyeuse des musiciens marche devant elle.

Le garçon de noce se frappe la poitrine ;
Mais il ne peut s'empêcher d'écouter,
Et ainsi continua le vieil homme,
Le marin à l'œil brillant :

Bientôt il s'éleva une tempête violente,
Irrésistible.
Elle nous battit à l'improviste de ses ailes
Et nous chassa vers le pôle sud.

Sous elle, le navire, avec ses mâts courbés et sa proue plongeante, était comme un malheureux qu'on
Poursuit de cris et de coups, et qui,
Foulant dans sa course l'ombre de son ennemi,
Penche en avant la tête :
Ainsi nous fuyions sous le mugissement de la tempête
Et nous courions vers le sud.

Alors arrivèrent ensemble brouillard et tourbillons de neige,

Et il fit un froid extrême.
Alors des blocs de glace hauts comme les mâts
Et verts comme des émeraudes flottèrent autour de nous.

Et à travers ces masses flottantes des rocs neigeux
Nous envoyaient d'affreuses lueurs :
On ne voyait ni figures d'hommes, ni formes de bêtes.
La glace, partout la glace.

La glace était ici, la glace était là,
La glace était tout alentour.
Cela craquait, grondait, mugissait et hurlait,
Comme les bruits que l'on entend dans une défaillance.

Enfin passa un albatros :
Il vint à travers le brouillard ;
Et, comme s'il eût été une âme chrétienne,
Nous le saluâmes au nom de Dieu.

Nous lui donnâmes une nourriture comme il n'en eut jamais.
Il vola, rôda autour de nous.
Aussitôt la glace se fendit avec un bruit de tonnerre,
Et le timonier nous guida à travers les blocs.

Et un bon vent de sud souffla par-derrière le navire.
L'albatros le Suivit,
Et chaque jour, soit pour manger, soit pour jouer,
Il venait à l'appel du marin.

Durant neuf soirées, au sein du brouillard ou des nuées,
Il se percha sur les mâts ou sur les haubans, et,
Durant toute la nuit, un blanc clair de lune luisait
À travers la vapeur blanche du brouillard.

« Que Dieu te sauve, vieux marin,
Des démons qui te tourmentent ainsi !
Pourquoi me regardes-tu si étrangement ? – C'est qu'avec mon arbalète,
Je tuai l'albatros. »

DEUXIÈME PARTIE

Maintenant, le soleil se leva à droite,
Sortit de la mer tout enveloppé de brume,
Et vint se coucher à gauche,
dans les flots.

Le bon vent de sud continua de souffler derrière nous ;
Mais plus de doux oiseau qui nous suivît
Et qui vînt, soit pour jouer, soit pour manger,
À l'appel du marin.

J'avais commis une action infernale,
Et cela devait nous porter malheur.
Tout le monde assurait que j'avais tué l'oiseau
Qui faisait souffler la brise !
« Ah ! le misérable ! disait-on, devait-il tuer l'oiseau
Qui faisait souffler la brise ? »

Ni sombre ni rouge, mais comme le front même de Dieu,
Le glorieux soleil reparut à l'horizon.
Alors tout le monde assura que j'avais tué l'oiseau
Qui amenait le brouillard et la brume.
« C'est bien, disait-on, de tuer tous ces oiseaux
Qui amènent le brouillard et la brume. »

Le bon vent soufflait, la blanche écume volait,
Et le navire libre formait un long sillage derrière lui.
Nous étions les premiers qui eussent navigué

Dans cette mer silencieuse.

Soudain la brise tomba, les voiles tombèrent avec elle.
Alors notre état fut aussi triste que possible.
Nos paroles seules rompaient
Le silence de la mer.

Dans un ciel chaud et tout d'airain,
Le soleil apparaissait comme ensanglanté, et planait, à l'heure de midi,
Juste au-dessus des mâts,
Pas plus large que la lune.

Durant bien des jours nous demeurâmes là,
Sans brise ni mouvement,
Tels qu'un vaisseau peint
Sur une mer en peinture.

L'eau, l'eau était partout,
Et toutes les planches du bord se rétrécissaient.
L'eau, l'eau était partout,
Et nous n'avions pas une goutte d'eau à boire.

La mer se putréfia, ô Christ !
Qui jamais l'aurait cru ?
Des choses visqueuses serpentaient
Sur une mer visqueuse.

Autour de nous, en cercle et en troupe, dansaient,
À la nuit, des feux de mort.
L'eau, comme l'huile d'une lampe de sorcière,
Était verte, bleue et blanche.

Quelques-uns de nous eurent, en songe, connaissance certaine
De l'esprit qui nous tourmentait ainsi.

À neuf brasses au-dessous de la mer, il nous avait suivis
Depuis la région de brouillard et de neige.

Chacune de nos langues, dévorées d'une soif extrême,
Était séchée jusqu'à la racine.
Nous ne pouvions parler non plus que si
L'on nous eût bouché le gosier avec de la suie.

Ah !... hélas ! quels méchants regards
Me lançaient jeunes et vieux !
À la place de mon arbalète,
L'albatros était suspendu à mon cou.

TROISIÈME PARTIE

Un temps bien pénible s'écoula ainsi. Chaque gosier
Était desséché et chaque œil était vitreux comme celui des morts ;
Un temps bien pénible, un temps bien pénible !
Comme chaque œil fatigué était morne et vitreux !

Mais voilà que, tandis que je regardais le couchant, j'aperçus
Quelque chose dans le ciel.

D'abord cela me sembla une petite tache,
Et ensuite cela me parut comme du brouillard.
Cela remua, remua, et prit enfin
Une certaine forme, que sais-je ?

Une tache, un brouillard, une forme, que sais-je ?
Et cela toujours approchait, approchait,
Et, comme si cela eût été une voile manœuvrée,
Cela plongeait, courait des bordées et filait du câble.

Nos gosiers étaient si brûlants, nos lèvres si noires et si desséchées,

Que nous ne pouvions ni rire ni gémir.
Avec notre extrême soif, nous demeurions muets.
Je mordis mon bras, je suçai mon sang
Et m'écriai : « Une voile ! une voile ! »

Mes compagnons aux gosiers brûlants, aux lèvres cuites et noires
M'entendirent parler.
Miséricorde ! ils grimacèrent de joie,
Et tous à la fois respirèrent avec force
Comme des gens qui viendraient de boire.

« Voyez, voyez ! criai-je, ce navire ne court plus de bordées :
Peut-être renonce-t-il à nous porter secours !
Pas la moindre brise et le moindre mouvement de flots ;
Il semble dormir sur sa quille. »

La vague occidentale n'était qu'une flamme,
 le jour touchait à sa fin.
Dès que la vague occidentale
Fut effleurée par le large et brillant disque du soleil,
Cette forme étrange vint se placer
Entre lui et nous.

Et sur-le-champ le soleil fut taché de barres noires
(que la Reine du·ciel nous prenne en grâce !)
Comme si cet astre avait apparu
Avec sa large et brillante figure derrière la grille d'un donjon.

« Hélas ! pensai-je (et mon cœur battit violemment),
Comme ce navire approche vite, vite !
Sont-ce ses voiles, ces choses qui se dessinent sur le soleil
Comme les fils que l'automne promène dans les airs ?

« Sont-ce ces charpentes, ces barres à travers lesquelles le soleil

Luit comme à travers une grille ?
Et cette femme qui est dessus, est-ce là tout son équipage ?
Est-ce là ce qu'on appelle la Mort ? N'en vois-je pas deux ?
La compagne de cette femme n'est-elle pas aussi la Mort ? »

Ses lèvres étaient rouges, ses regards hardis ;
Elle avait les cheveux jaunes comme de l'or,
Et la peau blanche comme celle d'un lépreux.
C'était ce cauchemar qui gèle et ralentit le sang de l'homme,
Vie-dans-la-Mort.

Le navire squelette passa près de notre bord,
Et nous vîmes le couple jouant aux dés.
« Le jeu est fini, j'ai gagné, j'ai gagné ! »
Dit Vie-dans-la-Mort ; et nous l'entendîmes siffler trois fois.

Les extrémités supérieures du soleil plongèrent dans l'onde ;
Les étoiles jaillirent du ciel, et d'un seul bond vint la nuit.
La barque spectre s'éloigna sur la mer
Avec un murmure qu'on entendait de loin.

Nous écoutions et jetions des regards obliques sur l'océan.
La crainte semblait boire à mon cœur, comme à une coupe,
Tout mon sang vital.
Les étoiles devinrent ternes, la nuit épaisse,
Et la lampe du pilote faisait voir la pâleur de sa face.
La rosée dégoutta des voiles
Jusqu'à ce que la lune eût élevé son croissant au-dessus du flot oriental.
À sa pointe inférieure et au-dedans,
Il y avait une étoile brillante.

Aux clartés de cette lune caniculaire,
L'un après l'autre, et sans prendre le temps de gémir ou de soupirer,
Chacun de mes camarades tourna son visage vers moi dans une angoisse
Épouvantable,

Et me maudit du regard.

Quatre fois cinquante hommes vivants,
Et je n'entendis ni soupir ni gémissement,
Avec un bruit sourd et comme des blocs inanimés,
Tombèrent un par un sur le plancher.

Leurs âmes s'envolèrent de leurs corps.
Elles s'envolèrent à la félicité ou au malheur,
Et chacune, en passant près de moi, retentit
Comme le sifflement de mon arbalète.

QUATRIÈME PARTIE

« J'ai peur de toi, vieux marin,
J'ai peur de ta main décharnée !
Tu es long, maigre et brun
Comme du sable de mer quand la vague s'est retirée.

« J'ai peur de toi, de ton œil brillant
Et de ta main décharnée si brune.
– Ne crains rien, ne crains rien, garçon de noce,
Ce corps ne tomba pas. »

Seul, seul, je restai debout, tout seul,
Tout seul, sur la vaste, la vaste mer,
Et pas un saint n'eut pitié de
Ma pauvre âme à l'agonie.

Tant d'hommes, tant d'hommes si beaux !
Ils gisaient là, tous morts,
Et mille choses visqueuses
Vivaient autour ; et moi aussi je vivais !

Je regardai la mer en putréfaction,

Et détournai mes yeux de ce spectacle.
Je les reportai sur le pont du vaisseau, il était également en putréfaction ;
Sur ses planches gisaient les corps morts de mes camarades.

Je regardai le ciel et voulus prier ;
Mais avant qu'une prière s'élançât de mes lèvres,
Un méchant murmure m'arrivait et faisait
Mon cœur aussi sec que la poussière.

Je fermai mes paupières et je les tins fermées,
Et, sous elles, les boules de l'œil battaient comme le pouls dans la veine ;
Car le ciel et la mer, la mer et le ciel,
Pesaient comme un fardeau sur mes yeux fatigués,
Et les morts étaient étendus à mes pieds.

Une sueur froide ruisselait de leurs membres,
Quoiqu'ils ne fussent ni puants ni corrompus.
Le regard qu'ils avaient jeté sur moi en mourant
Était encore tout entier dans leurs yeux.

La malédiction d'un orphelin pourrait tirer du ciel
Même un esprit et le précipiter en enfer ;
Mais en est-il de plus terrible que
Celle qui brille dans l'œil d'un homme mort ?
Sept jours et sept nuits je vis cette malédiction
Et je ne pouvais mourir.

Pendant ce temps, la lune mobile montait dans le ciel ;
Elle montait doucement, sans arrêt,
Avec une étoile ou deux près d'elle.

Ses rayons se jouaient sur la mer brûlante :
On eût dit la gelée blanche qu'avril répand sur la terre ;
Mais au milieu de l'ombre projetée par le navire,

L'onde ensorcelée ardait toujours,
Calme et d'un rouge terrible.

Au-delà de ce reflet,
J'aperçus des serpents d'eau ;
Ils se mouvaient dans des voies de clarté blanche,
Et quand ils dressaient leurs têtes au-dessus de l'onde, une lumière fantastique
S'en détachait en blanches étincelles.

Passaient-ils dans l'ombre du vaisseau,
J'admirais encore leur riche parure,
Leurs belles robes bleues, vert lustré et couleur de velours noir.
Ils nageaient, louvoyaient, et chacune de leurs traces
Était un éclair de feu d'or.

Ô heureuses choses vivantes ! nulle langue
Ne peut exprimer leurs beautés !
Un élan d'amour jaillit de mon cœur ;
Je les bénis soudain.
Il est sûr que mon bon patron avait pitié de mon âme ;
Je les bénis soudain.

Au même instant, je pus prier.
De mon cou libre tomba l'albatros,
Et l'oiseau s'enfonça
Comme un plomb dans la mer.

CINQUIÈME PARTIE

Ô sommeil ! c'est une chose douce et
Aimée de l'un à l'autre pôle que le sommeil !
Louanges soient données à la Vierge Marie !
Elle m'envoya du Ciel le doux sommeil
Et le fit couler dans mon âme.

Les seaux qui étaient
Restés si longtemps vides sur le pont
Me parurent, en songe, pleins de rosée,
Et quand je m'éveillai, il pleuvait.

Mes lèvres étaient moites,
Mon gosier frais et mes vêtements tout humides.
Bien certainement en mon rêve j'avais bu,
Et mon corps buvait toujours.

Je remuai, et je ne sentais pas mes membres.
J'étais si léger que
Je crus avoir perdu la vie durant mon sommeil,
Et être devenu un esprit céleste.

Et aussitôt j'entendis un grand vent.
Il ne vint pas jusqu'à moi,
Mais avec son bruit il agitait nos voiles,
Si usées et si fanées.

L'air supérieur déborda de vie,
Et mille flammes y brillèrent ;
Elles couraient çà et là, et çà et là,
Alentour et dans les intervalles,
Les pâles étoiles dansaient.

Et le vent qui venait mugit de plus en plus,
Et les voiles soupirèrent comme les joncs des marais,
Et la pluie tomba d'un noir nuage
À l'extrémité duquel luisait la lune.

L'épais nuage noir s'ouvrit, ayant toujours
La lune à son côté.
Comme l'eau jaillissant d'un haut rocher,

La lumière des éclairs tomba de son ouverture
En rivière de feu large et profonde.

Le vent ne toucha pas le vaisseau,
Et cependant le vaisseau marcha sur l'onde !
Aux feux des éclairs et aux clartés de la lune mêlés ensemble,
Les morts poussèrent un soupir.

Ils gémirent, ils s'agitèrent ; puis ils se levèrent,
Mais sans parler et sans remuer les yeux.
C'eût été bien étrange, même en rêve
De voir ces morts se lever !

Le pilote se mit au gouvernail et le navire marcha,
Sans cependant qu'aucune brise soufflât.
Les marins allèrent travailler aux cordages là
Où ils avaient coutume de le faire.
Ils levaient leurs membres comme des machines sans vie.
Nous formions un effrayant équipage.

Le corps du fils de mon frère
Était près de moi ; genou à genou,
Lui et moi nous tirions le même cordage,
Et cependant il ne me dit rien.

« J'ai peur de toi, vieux marin !
– Sois tranquille, garçon de noce :
Ce n'étaient pas les âmes échappées dans l'angoisse
Qui animaient de nouveau ces cadavres,
Mais une troupe d'esprits célestes. »

Car aussitôt que l'aurore apparut, ils laissèrent tomber leurs bras
Et se réunirent autour du grand mât,
Et alors de doux bruits s'échappèrent de leurs corps

Et sortirent lentement de leurs bouches.

Autour d'eux, chaque doux son flotta quelque temps,
Puis il monta vers le soleil ;
Puis du soleil redescendirent lentement de pareils sons,
Tantôt seuls, tantôt mêlés.

Parfois j'entendais tomber du ciel
Comme un chant d'alouette ;
Parfois une foule de petits oiseaux
Semblaient remplir la mer et l'air
De leurs doux gazouillements.

Ou bien c'était comme un concert de tous les instruments Connus,
Ou le bruit d'une flûte solitaire,
Ou enfin comme le chant d'un ange
Qui rend muet et attentif à sa voix le ciel entier.

La musique cessa. Cependant les voiles continuèrent à résonner d'une façon agréable
Jusque vers le milieu du jour.
C'était un murmure semblable à celui que produit
Dans les chaleurs du mois de juin et
À travers le silence de la nuit et des bois,
Le cours d'un ruisseau caché.

Jusqu'au milieu du jour, nous fîmes voile paisiblement,
Quoique aucune brise ne soufflât.
Lentement, doucement voguait le navire,
Poussé seulement par-dessous la quille.

Sous les flots, à neuf brasses profondes,
Glissait l'esprit qui nous avait suivis
Depuis la région de brouillard et de neige.
C'était lui qui faisait aller le vaisseau.

À midi, les voiles ne rendirent plus de son,
Et le vaisseau demeura tranquille comme avant.

Le soleil plana droit au-dessus des mâts
Et semblait avoir cloué le navire sur l'océan.
Mais en une minute le navire
Éprouva une violente secousse,
Il recula, il avança moitié sa longueur
D'un mouvement court et malaisé.

Ensuite, comme un cheval qui piaffe et qu'on laisse partir,
Il fit un bond soudain, si fort que
Le sang reflua vers ma tête
Et que je tombai évanoui sur le pont.

Combien de temps je restai dans cet état,
C'est ce que je ne puis dire.
Toutefois, avant de revenir à la vie,
J'entendis au fond de mon âme le bruit distinct de
Deux voix dans les airs.

« Est-ce lui ? disait l'une, est-ce bien là l'homme ?
Par celui qui mourut sur la croix, est-ce là l'homme qui
Avec son arbalète jeta bas
L'innocent albatros ?

« L'esprit roi
De la région de brouillard et de neige
Aimait l'oiseau qui aimait cet homme
Dont l'arbalète l'a tué. »

L'autre voix était une voix plus douce,
Aussi douce qu'une rosée de miel ;
Et elle dit : « Cet homme a déjà fait pénitence,

Et il le fera plus encore. »

SIXIÈME PARTIE

PREMIÈRE VOIX

Mais dis-moi, dis-moi ! parle-moi encore,
Renouvelle ta douce réponse.
Qui est-ce qui fait marcher si vite ce vaisseau ?
Que fait l'Océan ?

SECONDE VOIX

Tranquille comme un esclave devant son seigneur,
L'Océan n'a pas un souffle.
Son grand œil brillant est tourné très silencieusement
Vers la lune...

Comme pour savoir quelle conduite il doit tenir,
Car, qu'il soit calme ou courroucé, la lune est son guide.
Vois, frère, vois avec quelle grâce
Elle laisse tomber sur lui ses regards !

PREMIÈRE VOIX

Mais pourquoi ce vaisseau marche-t-il si vite,
Sans impulsion de vagues et de vent ?

SECONDE VOIX

L'air est intercepté devant
Et arrêté derrière.

Vole, frère, vole ! plus haut, plus haut !
Ou nous serons surpris :
Car ce vaisseau ira de plus en plus lentement

Tant que durera l'extase du marin.

Je m'éveillai, et nous voguions
Comme par un joli temps.
Il était nuit, nuit calme. La lune brillait haut dans le ciel.
Tous les hommes morts se tenaient ensemble.

Tous étaient ensemble debout sur le pont,
Plus propre à être un charnier qu'autre chose,
Et tous fixaient sur moi leurs yeux de pierre,
Que la lune rendait brillants.

L'angoisse, la malédiction dans lesquelles ils étaient morts
Étaient toujours exprimées par leurs regards.
Je ne pouvais détourner mes yeux des leurs,
Ni les élever au ciel pour prier.

Enfin le charme fut rompu.
Je regardai encore une fois le vert océan,
Et, en regardant au loin, je ne vis pas la plus petite chose, rien de ce
Que j'aurais remarqué dans un autre état.

J'étais comme une personne qui, dans un chemin solitaire,
Marche escortée de la peur et de l'effroi,
Et qui, ayant regardé une fois autour d'elle, continue son chemin
Sans plus retourner la tête,
Parce qu'elle croit qu'un être terrible
Lui ferme la route Par-derrière.

Aussitôt je sentis un vent qui venait sur moi,
Et il ne faisait aucun bruit, ne causait aucun mouvement.
Nul sillon bouillonnant ou ombreux
N'était tracé par lui sur la mer.

Il souleva mes cheveux, il éventa mes joues
Comme une brise des prés au printemps,
Et, tout en se mêlant à mes craintes,
Il me fit l'effet d'une bienvenue.

Vite, vite glissait le vaisseau
Tout en allant doucement.
Avec douceur aussi soufflait la brise,
Mais elle ne soufflait que sur moi.

Ô rêve de bonheur !
Est-ce là vraiment la tour du fanal ?
Est-ce la colline, est-ce l'église,
Est-ce mon propre pays que je vois ?

Nous franchîmes la barre du port, et je me mis à prier en sanglotant :
« Ô mon Dieu ! tire-moi du sommeil
Ou laisse-moi dormir toujours ! »

La rade du port avait l'apparence d'un miroir,
Tant l'onde y était paisiblement étendue.
Sur la baie se répandaient les clartés de la lune
En même temps que s'y retraçait son image.

Le rocher brillait sous ses rayons paisibles,
Ainsi que l'église bâtie dessus,
Et la girouette tranquille
Placée sur l'église.

La baie était toute blanchie par la silencieuse clarté,
Jusqu'au moment, où, s'élevant de son sein,
Nombre de figures qui n'étaient autre chose que
Des fantômes se colorèrent de teintes rouges.

Quand ces figures rouges furent
À peu de distance de la proue,
Je tournai mes yeux vers le pont du vaisseau.
Ô Christ ! que vis-je là ?

Chaque corps de marin y était étendu à plat et sans vie,
Et, par la sainte croix !
Un homme lumineux, un séraphin
Se tenait debout sur chaque cadavre.

Cette troupe de séraphins agitait les mains
C'était un divin spectacle !
Chacun, belle forme lumineuse, faisait
Comme des signaux à la terre.

Ils agitaient leurs mains,
Et pourtant ils ne proféraient aucune parole ;
Aucune parole... mais ce silence résonnait
Comme une musique dans mon cœur.

Bientôt j'entendis le bruit des rames
Et l'acclamation d'un pilote.
Ma tête se retourna forcément vers la mer,
Et je vis apparaître un canot.

Un pilote et son mousse
Approchaient rapidement de mol.
Ô cher Seigneur du Ciel ! c'était une joie
Que la vue de mes camarades morts ne pouvait empoisonner.

Je vis une troisième personne, je reconnus sa voix.
C'est le bon ermite.
Il chante à pleine gorge les hymnes sacrés
Qu'il a composés dans les bois.

Bon, me dis-je, il me confessera et lavera mon âme
Du sang de l'albatros.

SEPTIÈME PARTIE

Ce bon ermite vit dans le bois
Qui descend jusqu'à la mer.
Comme il fait monter hautement sa douce voix vers le ciel !
Il aime à causer avec les marins
Revenant des contrées lointaines.

Il prie le matin, à midi, et le soir, et, pour prier,
Il a un coussin bien rondelet.
C'est de la mousse qui recouvre entièrement
Le tronc pourri d'un vieux chêne.

Le canot s'approcha. J'entendis les gens qui le conduisaient dire :
« Voilà qui est étrange, en vérité !
Où sont ces lumières si nombreuses et si belles
Qui tout à l'heure nous faisaient des signes ?

– C'est vraiment étrange ! dit l'ermite.
Elles n'ont pas répondu à notre appel.
Voyez ces planches déjetées, voyez ces voiles,
Comme elles sont usées et flétries.
Je n'en ai jamais vu de semblables.

Je ne puis les comparer qu'aux feuilles jaunes qui jonchent
Les bords du ruisseau de mon bois,
Quand les rameaux du lierre sont chargés de neige
Et quand le hibou hurle au loup
Qui, par-derrière, mange le petit de la louve.

– Cher Seigneur Dieu ! cela a un mauvais aspect,

Répliqua le pilote...
Je suis tout effrayé. – Pousse au vaisseau, pousse... »
Dit hardiment l'ermite.

Le canot vint plus près du navire,
Mais je ne parlai ni ne bougeai.
Lorsqu'il fut tout à fait sous le vaisseau,
Un bruit soudain se fit entendre.

Ce fut d'abord un grondement sous l'onde
Qui devint de plus en plus profond et terrible.
Il arriva jusqu'au navire, il Ouvrit l'eau du golfe,
 puis le vaisseau s'enfonça dans la mer comme un plomb.

Étourdi par ce bruit épouvantable
Qui ébranlait le ciel et l'océan,
Je restai flottant sur les flots
Comme un homme qui a été submergé depuis sept jours ;
Mais, aussi promptement qu'en un rêve, je me trouvai
Dans le canot du pilote.

Sur le tourbillon où plongea le navire,
Le canot fit plusieurs tours ;
Puis tout redevint calme, excepté la colline
Qui retentissait encore du bruit.

Je remuai les lèvres, le pilote poussa un cri
Et tomba en défaillance.
Le saint ermite leva les yeux
Et se mit à prier à l'endroit où il était assis.

Je pris les rames ; le mousse,
Qui maintenant est quasi fou,
Poussa de longs et forts éclats de rire, et,

Tournant les yeux de côté et d'autre,
Se mit à dire : « Ha ! ah ! je vois pleinement que
Le diable s'y connaît à ramer. »

Et maintenant me voilà dans mon propre pays,
Sur la terre ferme.
L'ermite sortit du canot ;
À peine pouvait-il se tenir sur ses jambes.

« Oh ! confesse-moi, confesse-moi, saint homme ! lui dis-je.
L'ermite se signa.
– Dis vite !... répondit-il, je l'ordonne, dis vite
Quelle espèce d'homme tu es ? »

Au même instant mon être fut tourmenté
Par une douloureuse agonie
Qui me força de commencer mon histoire.
Quand je l'eus terminée, je sentis mon cœur déchargé d'un grand poids.

Depuis, à une heure incertaine,
Cette agonie me reprend,
Et jusqu'à ce que mon affreuse histoire soit dite,
Le cœur me brûle intérieurement.

Je passe, comme la nuit, de terre en terre :
J'ai une étrange puissance de parole.
Du moment que j'ai vu sa figure,
Je sais l'homme qui doit m'écouter,
Et je lui apprends mon histoire.

Mais quel vacarme sort de cette porte ?
Tous les gens de la noce sont là.
Sous la treille du jardin, la mariée
Et les compagnes de la mariée chantent.

Silence ! la petite cloche du soir
M'ordonne de prier.

Ô garçon de noce ! cette âme a été
Seule sur la vaste, la vaste mer,
Et cette mer était si solitaire que c'est à peine si Dieu lui-même
Semblait y être.

Ah ! s'il est doux d'être d'une fête de mariage,
Il est encore plus doux pour moi
D'aller à l'église
En bonne compagnie !

D'aller à l'église en compagnie
Et d'y prier en compagnie,
Au milieu de gens qui s'inclinent devant le Père :
Suprêmes vieillards, enfants, bons amis,
Gais jeunes gens et joyeuses jeunes filles !

Adieu, adieu ! mais je te
Dis ceci, garçon de noce !
Il prie bien, celui qui aime bien
Tout à la fois hommes, oiseaux et bêtes.

Il prie le mieux, celui qui aime le mieux
Toutes choses, grandes et petites,
Car le cher Dieu, qui nous aime,
Les fit toutes et les aime toutes.

Sur ce, le marin à l'œil brillant
Et à la barbe blanchie par l'âge
S'éloigne. Le garçon de noce
Quitte à son tour la porte du marié.

Il s'en alla comme un homme étourdi
Et qui a perdu le sens.
Le lendemain matin, il se leva
Plus triste, mais plus sage.

« Par ta longue barbe grise et ton œil brillant,
Pourquoi m'arrêtes-tu ?

Le garçon de noce s'assit sur une pierre :
Il ne peut s'empêcher d'écouter ;

La mariée est entrée dans la salle du banquet,
Vermeille comme une rose,

Ainsi nous fuyions sous le mugissement de la tempête
Et nous courions vers le sud.

Alors arrivèrent ensemble brouillard et tourbillons de neige,
Et il fit un froid extrême.

La glace était ici, la glace était là,
La glace était tout alentour.

Nous lui donnâmes une nourriture comme il n'en eut jamais.

– C'est qu'avec mon arbalète,
Je tuai l'albatros. »

J'avais commis une action infernale,
Et cela devait nous porter malheur.

L'eau, l'eau était partout,
Et nous n'avions pas une goutte d'eau à boire.

Autour de nous, en cercle et en troupe, dansaient,
À la nuit, des feux de mort.

À neuf brasses au-dessous de la mer, il nous avait suivis
Depuis la région de brouillard et de neige.

Une tache, un brouillard, une forme, que sais-je ?
Et cela toujours approchait, approchait,

« Le jeu est fini, j'ai gagné, j'ai gagné ! »
Dit Vie-dans-la-Mort ; et nous l'entendîmes siffler trois fois.

Chacun de mes camarades tourna son visage vers moi dans une angoisse Épouvantable,

Et me maudit du regard.

Et pas un saint n'eut pitié de
Ma pauvre âme à l'agonie.

Je regardai la mer en putréfaction,
Et détournai mes yeux de ce spectacle.

Sept jours et sept nuits je vis cette malédiction et je ne pouvais mourir.

Pendant ce temps, la lune mobile montait dans le ciel ;

Au-delà de ce reflet, j'aperçus des serpents d'eau ;

Et la pluie tomba d'un noir nuage

Ils gémirent, ils s'agitèrent ; puis ils se levèrent,
Mais sans parler et sans remuer les yeux.

La musique cessa ; Cependant les voiles continuèrent à résonner d'une façon agréable
Jusque vers le milieu du jour.

Il fit un bond soudain, si fort que
Le sang reflua vers ma tête
Et que je tombai évanoui sur le pont.

J'entendis au fond de mon âme le bruit distinct de
Deux voix dans les airs.

Mais pourquoi ce vaisseau marche-t-il si vite,

Sans impulsion de vagues et de vent ?

Sur la baie se répandaient les clartés de la lune

Nombre de figures qui n'étaient autre chose que
Des fantômes se colorèrent de teintes rouges.

Cette troupe de séraphins agitait les mains
C'était un divin spectacle !

Ce fut d'abord un grondement sous l'onde
Qui devint de plus en plus profond et terrible.

Sur le tourbillon où plongea le navire,
Le canot fit plusieurs tours ;

Je remuai les lèvres, le pilote poussa un cri
Et tomba en défaillance.

« Oh ! confesse-moi, confesse-moi, saint homme ! lui dis-je.

Je passe, comme la nuit, de terre en terre :
J'ai une étrange puissance de parole.

Du moment que j'ai vu sa figure,
Je sais l'homme qui doit m'écouter,

Mais quel vacarme sort de cette porte ?
Tous les gens de la noce sont là.

Et cette mer était si solitaire que c'est à peine si Dieu lui-même

Semblait y être.

Le marin à l'œil brillant
Et à la barbe blanchie par l'âge s'éloigne.

FIN

THE END

The Mariner, whose eye is bright,
Whose beard with age is hoar,

So lonely 'twas, that God himself

Scarce seemèd there to be.

What loud uproar bursts from that door!

The wedding-guests are there:

That moment that his face I see,
I know the man that must hear me:

I pass, like night, from land to land;

I have strange power of speech;

'O shrieve me, shrieve me, holy man!'

I moved my lips—the Pilot shrieked

And fell down in a fit;

Upon the whirl, where sank the ship,
The boat spun round and round;

Under the water it rumbled on,
Still louder and more dread:

This seraph-band, each waved his hand:

It was a heavenly sight!

Full many shapes, that shadows were,
In crimson colours came.

And on the bay the moonlight lay,

'But why drives on that ship so fast,
Without or wave or wind?'

I heard and in my soul discerned

Two voices in the air.

She made a sudden bound:
It flung the blood into my head,
And I fell down in a swound.

It ceased; yet still the sails made on

A pleasant noise till noon,

They groaned, they stirred, they all uprose,
Nor spake, nor moved their eyes;

And the rain poured down from one black cloud;

Beyond the shadow of the ship,
I watched the water-snakes:

The moving Moon went up the sky,

Seven days, seven nights, I saw that curse,

And yet I could not die.

I looked upon the rotting sea,

And drew my eyes away;

And never a saint took pity on
My soul in agony.

Each turned his face with a ghastly pang,
And cursed me with his eye.

'The game is done! I've won! I've won!'
Quoth she, and whistles thrice.

A speck, a mist, a shape, I wist!

And still it neared and neared:

Nine fathom deep he had followed us
From the land of mist and snow.

About, about, in reel and rout

The death-fires danced at night;

Water, water, every where,
Nor any drop to drink.

And I had done a hellish thing,

And it would work 'em woe:

With my cross-bow
I shot the ALBATROSS.

It ate the food it ne'er had eat,

The ice was here, the ice was there,
The ice was all around:

And now there came both mist and snow,

And it grew wondrous cold:

The ship drove fast, loud roared the blast,
And southward aye we fled.

The bride hath paced into the hall,
Red as a rose is she;

The Wedding-Guest sat on a stone:

He cannot choose but hear;

'By thy long grey beard and glittering eye,
Now wherefore stopp'st thou me?

For the dear God who loveth us,
He made and loveth all.

The Mariner, whose eye is bright,
Whose beard with age is hoar,
Is gone: and now the Wedding-Guest
Turned from the bridegroom's door.

He went like one that hath been stunned,
And is of sense forlorn:
A sadder and a wiser man,
He rose the morrow morn.

And bride-maids singing are:
And hark the little vesper bell,
Which biddeth me to prayer!

O Wedding-Guest! this soul hath been
Alone on a wide wide sea:
So lonely 'twas, that God himself
Scarce seemèd there to be.

O sweeter than the marriage-feast,
'Tis sweeter far to me,
To walk together to the kirk
With a goodly company!—

To walk together to the kirk,
And all together pray,
While each to his great Father bends,
Old men, and babes, and loving friends
And youths and maidens gay!

Farewell, farewell! but this I tell
To thee, thou Wedding-Guest!
He prayeth well, who loveth well
Both man and bird and beast.

He prayeth best, who loveth best
All things both great and small;

And scarcely he could stand.

'O shrieve me, shrieve me, holy man!'
The Hermit crossed his brow.
'Say quick,' quoth he, 'I bid thee say—
What manner of man art thou?'

Forthwith this frame of mine was wrenched
With a woful agony,
Which forced me to begin my tale;
And then it left me free.

Since then, at an uncertain hour,
That agony returns:
And till my ghastly tale is told,
This heart within me burns.

I pass, like night, from land to land;
I have strange power of speech;
That moment that his face I see,
I know the man that must hear me:
To him my tale I teach.

What loud uproar bursts from that door!
The wedding-guests are there:
But in the garden-bower the bride

Stunned by that loud and dreadful sound,
Which sky and ocean smote,
Like one that hath been seven days drowned
My body lay afloat;
But swift as dreams, myself I found
Within the Pilot's boat.

Upon the whirl, where sank the ship,
The boat spun round and round;
And all was still, save that the hill
Was telling of the sound.

I moved my lips—the Pilot shrieked
And fell down in a fit;
The holy Hermit raised his eyes,
And prayed where he did sit.

I took the oars: the Pilot's boy,
Who now doth crazy go,
Laughed loud and long, and all the while
His eyes went to and fro.
'Ha! ha!' quoth he, 'full plain I see,
The Devil knows how to row.'

And now, all in my own countree,
I stood on the firm land!
The Hermit stepped forth from the boat,

'And they answered not our cheer!
The planks looked warped! and see those sails,
How thin they are and sere!
I never saw aught like to them,
Unless perchance it were

Brown skeletons of leaves that lag
My forest-brook along;
When the ivy-tod is heavy with snow,
And the owlet whoops to the wolf below,
That eats the she-wolf's young.'

'Dear Lord! it hath a fiendish look—
(The Pilot made reply)
I am a-feared'—'Push on, push on!'
Said the Hermit cheerily.

The boat came closer to the ship,
But I nor spake nor stirred;
The boat came close beneath the ship,
And straight a sound was heard.

Under the water it rumbled on,
Still louder and more dread:
It reached the ship, it split the bay;
The ship went down like lead.

I saw a third—I heard his voice:
It is the Hermit good!
He singeth loud his godly hymns
That he makes in the wood.
He'll shrieve my soul, he'll wash away
The Albatross's blood.

PART VII

This Hermit good lives in that wood
Which slopes down to the sea.
How loudly his sweet voice he rears!
He loves to talk with marineres
That come from a far countree.

He kneels at morn, and noon, and eve—
He hath a cushion plump:
It is the moss that wholly hides
The rotted old oak-stump.

The skiff-boat neared: I heard them talk,
'Why, this is strange, I trow!
Where are those lights so many and fair,
That signal made but now?'

'Strange, by my faith!' the Hermit said—

I turned my eyes upon the deck—
Oh, Christ! what saw I there!

Each corse lay flat, lifeless and flat,
And, by the holy rood!
A man all light, a seraph-man,
On every corse there stood.

This seraph-band, each waved his hand:
It was a heavenly sight!
They stood as signals to the land,
Each one a lovely light;

This seraph-band, each waved his hand,
No voice did they impart—
No voice; but oh! the silence sank
Like music on my heart.

But soon I heard the dash of oars,
I heard the Pilot's cheer;
My head was turned perforce away
And I saw a boat appear.

The Pilot and the Pilot's boy,
I heard them coming fast:
Dear Lord in Heaven! it was a joy
The dead men could not blast.

Oh! dream of joy! is this indeed
The light-house top I see?
Is this the hill? is this the kirk?
Is this mine own countree?

We drifted o'er the harbour-bar, And I with sobs did pray—
O let me be awake, my God!
Or let me sleep alway.

The harbour-bay was clear as glass,
So smoothly it was strewn!
And on the bay the moonlight lay,
And the shadow of the Moon.

The rock shone bright, the kirk no less,
That stands above the rock:
The moonlight steeped in silentness
The steady weathercock.

And the bay was white with silent light,
Till rising from the same,
Full many shapes, that shadows were,
In crimson colours came.

A little distance from the prow
Those crimson shadows were:

And now this spell was snapt: once more
I viewed the ocean green,
And looked far forth, yet little saw
Of what had else been seen—

Like one, that on a lonesome road
Doth walk in fear and dread,
And having once turned round walks on,
And turns no more his head;
Because he knows, a frightful fiend
Doth close behind him tread.

But soon there breathed a wind on me,
Nor sound nor motion made:
Its path was not upon the sea,
In ripple or in shade.

It raised my hair, it fanned my cheek
Like a meadow-gale of spring—
It mingled strangely with my fears,
Yet it felt like a welcoming.

Swiftly, swiftly flew the ship,
Yet she sailed softly too:
Sweetly, sweetly blew the breeze—
On me alone it blew.

First Voice
'But why drives on that ship so fast,
Without or wave or wind?'

Second Voice
'The air is cut away before,
And closes from behind.

Fly, brother, fly! more high, more high!
Or we shall be belated:
For slow and slow that ship will go,
When the Mariner's trance is abated.'

I woke, and we were sailing on
As in a gentle weather:
'Twas night, calm night, the moon was high;
The dead men stood together.

All stood together on the deck,
For a charnel-dungeon fitter:
All fixed on me their stony eyes,
That in the Moon did glitter.

The pang, the curse, with which they died,
Had never passed away:
I could not draw my eyes from theirs,
Nor turn them up to pray.

He loved the bird that loved the man
Who shot him with his bow.'

The other was a softer voice,
As soft as honey-dew:
Quoth he, 'The man hath penance done,
And penance more will do.'

PART VI

First Voice
'But tell me, tell me! speak again,
Thy soft response renewing—
What makes that ship drive on so fast?
What is the ocean doing?'

Second Voice
Still as a slave before his lord,
The ocean hath no blast;
His great bright eye most silently
Up to the Moon is cast—

If he may know which way to go;
For she guides him smooth or grim.
See, brother, see! how graciously
She looketh down on him.'

And the ship stood still also.

The Sun, right up above the mast,
Had fixed her to the ocean:
But in a minute she 'gan stir,
With a short uneasy motion—
Backwards and forwards half her length
With a short uneasy motion.

Then like a pawing horse let go,
She made a sudden bound:
It flung the blood into my head,
And I fell down in a swound.

How long in that same fit I lay,
I have not to declare;
But ere my living life returned,
I heard and in my soul discerned
Two voices in the air.

'Is it he?' quoth one, 'Is this the man?
By him who died on cross,
With his cruel bow he laid full low
The harmless Albatross.

The spirit who bideth by himself
In the land of mist and snow,

I heard the sky-lark sing;
Sometimes all little birds that are,
How they seemed to fill the sea and air
With their sweet jargoning!

And now 'twas like all instruments,
Now like a lonely flute;
And now it is an angel's song,
That makes the heavens be mute.

It ceased; yet still the sails made on
A pleasant noise till noon,
A noise like of a hidden brook
In the leafy month of June,
That to the sleeping woods all night
Singeth a quiet tune.

Till noon we quietly sailed on,
Yet never a breeze did breathe:
Slowly and smoothly went the ship,
Moved onward from beneath.

Under the keel nine fathom deep,
From the land of mist and snow,
The spirit slid: and it was he
That made the ship to go.
The sails at noon left off their tune,

The mariners all 'gan work the ropes,
Where they were wont to do;
They raised their limbs like lifeless tools—
We were a ghastly crew.

The body of my brother's son
Stood by me, knee to knee:
The body and I pulled at one rope,
But he said nought to me.

'I fear thee, ancient Mariner!'
Be calm, thou Wedding-Guest!
'Twas not those souls that fled in pain,
Which to their corses came again,
But a troop of spirits blest:

For when it dawned—they dropped their arms,
And clustered round the mast;
Sweet sounds rose slowly through their mouths,
And from their bodies passed.

Around, around, flew each sweet sound,
Then darted to the Sun;
Slowly the sounds came back again,
Now mixed, now one by one.

Sometimes a-dropping from the sky

To and fro they were hurried about!
And to and fro, and in and out,
The wan stars danced between.

And the coming wind did roar more loud,
And the sails did sigh like sedge,
And the rain poured down from one black cloud;
The Moon was at its edge.

The thick black cloud was cleft, and still
The Moon was at its side:
Like waters shot from some high crag,
The lightning fell with never a jag,
A river steep and wide.

The loud wind never reached the ship,
Yet now the ship moved on!
Beneath the lightning and the Moon
The dead men gave a groan.

They groaned, they stirred, they all uprose,
Nor spake, nor moved their eyes;
It had been strange, even in a dream,
To have seen those dead men rise.

The helmsman steered, the ship moved on;
Yet never a breeze up-blew;

Beloved from pole to pole!
To Mary Queen the praise be given!
She sent the gentle sleep from Heaven,
That slid into my soul.

The silly buckets on the deck,
That had so long remained,
I dreamt that they were filled with dew;
And when I awoke, it rained.

My lips were wet, my throat was cold,
My garments all were dank;
Sure I had drunken in my dreams,
And still my body drank.

I moved, and could not feel my limbs:
I was so light—almost
I thought that I had died in sleep,
And was a blessed ghost.

And soon I heard a roaring wind:
It did not come anear;
But with its sound it shook the sails,
That were so thin and sere.

The upper air burst into life!
And a hundred fire-flags sheen,

Beyond the shadow of the ship,
I watched the water-snakes:
They moved in tracks of shining white,
And when they reared, the elfish light
Fell off in hoary flakes.

Within the shadow of the ship
I watched their rich attire:
Blue, glossy green, and velvet black,
They coiled and swam; and every track
Was a flash of golden fire.

O happy living things! no tongue
Their beauty might declare:
A spring of love gushed from my heart,
And I blessed them unaware:
Sure my kind saint took pity on me,
And I blessed them unaware.

The self-same moment I could pray;
And from my neck so free
The Albatross fell off, and sank
Like lead into the sea.

PART V

Oh sleep! it is a gentle thing,

For the sky and the sea, and the sea and the sky
Lay dead like a load on my weary eye,
And the dead were at my feet.

The cold sweat melted from their limbs,
Nor rot nor reek did they:
The look with which they looked on me
Had never passed away.

An orphan's curse would drag to hell
A spirit from on high;
But oh! more horrible than that
Is the curse in a dead man's eye!
Seven days, seven nights, I saw that curse,
And yet I could not die.

The moving Moon went up the sky,
And no where did abide:
Softly she was going up,
And a star or two beside—

Her beams bemocked the sultry main,
Like April hoar-frost spread;
But where the ship's huge shadow lay,
The charmèd water burnt alway
A still and awful red.

I fear thee and thy glittering eye,
And thy skinny hand, so brown.'—
Fear not, fear not, thou Wedding-Guest!
This body dropt not down.

Alone, alone, all, all alone,
Alone on a wide wide sea!
And never a saint took pity on
My soul in agony.

The many men, so beautiful!
And they all dead did lie:
And a thousand thousand slimy things
Lived on; and so did I.

I looked upon the rotting sea,
And drew my eyes away;
I looked upon the rotting deck,
And there the dead men lay.

I looked to heaven, and tried to pray;
But or ever a prayer had gusht,
A wicked whisper came, and made
My heart as dry as dust.

I closed my lids, and kept them close,
And the balls like pulses beat;

From the sails the dew did drip—
Till clomb above the eastern bar
The hornèd Moon, with one bright star
Within the nether tip.

One after one, by the star-dogged Moon,
Too quick for groan or sigh,
Each turned his face with a ghastly pang,
And cursed me with his eye.

Four times fifty living men,
(And I heard nor sigh nor groan)
With heavy thump, a lifeless lump,
They dropped down one by one.

The souls did from their bodies fly,—
They fled to bliss or woe!
And every soul, it passed me by,
Like the whizz of my cross-bow!

PART IV

'I fear thee, ancient Mariner!
I fear thy skinny hand!
And thou art long, and lank, and brown,
As is the ribbed sea-sand.

Are those her ribs through which the Sun
Did peer, as through a grate?
And is that Woman all her crew?
Is that a DEATH? and are there two?
Is DEATH that woman's mate?

Her lips were red, her looks were free,
Her locks were yellow as gold:
Her skin was as white as leprosy,
The Night-mare LIFE-IN-DEATH was she,
Who thicks man's blood with cold.

The naked hulk alongside came,
And the twain were casting dice;
'The game is done! I've won! I've won!'
Quoth she, and whistles thrice.

The Sun's rim dips; the stars rush out;
At one stride comes the dark;
With far-heard whisper, o'er the sea,
Off shot the spectre-bark.

We listened and looked sideways up!
Fear at my heart, as at a cup,
My life-blood seemed to sip!
The stars were dim, and thick the night,
The steersman's face by his lamp gleamed white;

Agape they heard me call:
Gramercy! they for joy did grin,
And all at once their breath drew in.
As they were drinking all.

See! see! (I cried) she tacks no more!
Hither to work us weal;
Without a breeze, without a tide,
She steadies with upright keel!

The western wave was all a-flame.
The day was well nigh done!
Almost upon the western wave
Rested the broad bright Sun;
When that strange shape drove suddenly
Betwixt us and the Sun.

And straight the Sun was flecked with bars,
(Heaven's Mother send us grace!)
As if through a dungeon-grate he peered
With broad and burning face.

Alas! (thought I, and my heart beat loud)
How fast she nears and nears!
Are those her sails that glance in the Sun,
Like restless gossameres?

PART III

There passed a weary time. Each throat
Was parched, and glazed each eye.
A weary time! a weary time!
How glazed each weary eye,

When looking westward, I beheld
A something in the sky.

At first it seemed a little speck,
And then it seemed a mist;
It moved and moved, and took at last
A certain shape, I wist.

A speck, a mist, a shape, I wist!
And still it neared and neared:
As if it dodged a water-sprite,
It plunged and tacked and veered.

With throats unslaked, with black lips baked,
We could nor laugh nor wail;
Through utter drought all dumb we stood!
I bit my arm, I sucked the blood,
And cried, A sail! a sail!

With throats unslaked, with black lips baked,

Nor any drop to drink.

The very deep did rot: O Christ!
That ever this should be!
Yea, slimy things did crawl with legs
Upon the slimy sea.

About, about, in reel and rout
The death-fires danced at night;
The water, like a witch's oils,
Burnt green, and blue and white.

And some in dreams assurèd were
Of the Spirit that plagued us so;
Nine fathom deep he had followed us
From the land of mist and snow.

And every tongue, through utter drought,
Was withered at the root;
We could not speak, no more than if
We had been choked with soot.

Ah! well a-day! what evil looks
Had I from old and young!
Instead of the cross, the Albatross
About my neck was hung.

That brought the fog and mist.
'Twas right, said they, such birds to slay,
That bring the fog and mist.

The fair breeze blew, the white foam flew,
The furrow followed free;
We were the first that ever burst
Into that silent sea.

Down dropt the breeze, the sails dropt down,
'Twas sad as sad could be;
And we did speak only to break
The silence of the sea!

All in a hot and copper sky,
The bloody Sun, at noon,
Right up above the mast did stand,
No bigger than the Moon.

Day after day, day after day,
We stuck, nor breath nor motion;
As idle as a painted ship
Upon a painted ocean.

Water, water, every where,
And all the boards did shrink;
Water, water, every where,

'God save thee, ancient Mariner!
From the fiends, that plague thee thus!—
Why look'st thou so?'—With my cross-bow
I shot the ALBATROSS.

PART II

The Sun now rose upon the right:
Out of the sea came he,
Still hid in mist, and on the left
Went down into the sea.

And the good south wind still blew behind,
But no sweet bird did follow,
Nor any day for food or play
Came to the mariner's hollo!

And I had done a hellish thing,
And it would work 'em woe:
For all averred, I had killed the bird
That made the breeze to blow.
Ah wretch! said they, the bird to slay,
That made the breeze to blow!

Nor dim nor red, like God's own head,
The glorious Sun uprist:
Then all averred, I had killed the bird

The ice was all between.

The ice was here, the ice was there,
The ice was all around:
It cracked and growled, and roared and howled,
Like noises in a swound!

At length did cross an Albatross,
Thorough the fog it came;
As if it had been a Christian soul,
We hailed it in God's name.

It ate the food it ne'er had eat,
And round and round it flew.
The ice did split with a thunder-fit;
The helmsman steered us through!

And a good south wind sprung up behind;
The Albatross did follow,
And every day, for food or play,
Came to the mariner's hollo!

In mist or cloud, on mast or shroud,
It perched for vespers nine;
Whiles all the night, through fog-smoke white,
Glimmered the white Moon-shine.'

The merry minstrelsy.

The Wedding-Guest he beat his breast,
Yet he cannot choose but hear;
And thus spake on that ancient man,
The bright-eyed Mariner.

And now the STORM-BLAST came, and he
Was tyrannous and strong:
He struck with his o'ertaking wings,
And chased us south along.

With sloping masts and dipping prow,
As who pursued with yell and blow
Still treads the shadow of his foe,
And forward bends his head,
The ship drove fast, loud roared the blast,
And southward aye we fled.

And now there came both mist and snow,
And it grew wondrous cold:
And ice, mast-high, came floating by,
As green as emerald.

And through the drifts the snowy clifts
Did send a dismal sheen:
Nor shapes of men nor beasts we ken—

The Wedding-Guest stood still,
And listens like a three years' child:
The Mariner hath his will.

The Wedding-Guest sat on a stone:
He cannot choose but hear;
And thus spake on that ancient man,
The bright-eyed Mariner.

'The ship was cheered, the harbour cleared,
Merrily did we drop
Below the kirk, below the hill,
Below the lighthouse top.

The Sun came up upon the left,
Out of the sea came he!
And he shone bright, and on the right
Went down into the sea.

Higher and higher every day,
Till over the mast at noon—'
The Wedding-Guest here beat his breast,
For he heard the loud bassoon.

The bride hath paced into the hall,
Red as a rose is she;
Nodding their heads before her goes

THE RIME OF THE ANCIENT MARINER

Argument

How a Ship having passed the Line was driven by storms to the cold Country to-
wards the South Pole; and how from thence she made her course to the tropical
Latitude of the Great Pacific Ocean; and of the strange things that befell; and in what
manner the Ancyent Marinere came back to his own Country.

PART I

It is an ancient Mariner,
And he stoppeth one of three.
'By thy long grey beard and glittering eye,
Now wherefore stopp'st thou me?

The Bridegroom's doors are opened wide,
And I am next of kin;
The guests are met, the feast is set:
May'st hear the merry din.'

He holds him with his skinny hand,
'There was a ship,' quoth he.
'Hold off! unhand me, grey-beard loon!'
Eftsoons his hand dropt he.

He holds him with his glittering eye—

SAMUEL TAYLOR COLERIDGE

THE RIME OF THE ANCIENT MARINER

1798

ILLUSTRED BY GUSTAVE DORÉ

odéon livre
2018
CHICAGO